L'AUMONIER
DU RÉGIMENT,

COMÉDIE EN UN ACTE,

MÊLÉE DE COUPLETS,

Par MM. de Saint-Georges et de Leuven,

REPRÉSENTÉE POUR LA PREMIÈRE FOIS, SUR LE THÉATRE
DU PALAIS-ROYAL, LE 1ᵉʳ OCTOBRE 1835.

DEUXIÈME ÉDITION.

PRIX : 2 FR. 50 C.

PARIS,

CHEZ MARCHANT, BOULEVART SAINT-MARTIN, Nº 12.

—

1835.

PERSONNAGES.	ACTEURS.
L'ABBÉ PASCAL, aumônier du régiment des chasseurs de la garde.....	M. ACHARD.
ROBERT, maréchal-des-logis dans le même régiment...........	M. LHÉRITIER.
CHRISTIAN, jeune forgeron et maréchal-ferrant............	M. ALCIDE-TOUSEZ.
MARIE, fille de Robert...........	Mlle PERNON.
UN FORGERON................	M. MASSON.
UN SOLDAT................	M. REMY.

FORGERONS, ouvriers de Christian.
SOLDATS du régiment de Robert.
PARENS ET AMIS DE CHRISTIAN.

La scène se passe dans un petit village d'Allemagne, pendant une des campagnes de l'armée française.

IMPRIMERIE DONDEY-DUPRÉ, RUE SAINT-LOUIS, N° 46, AU MARAIS.

L'AUMONIER
DU RÉGIMENT,
COMÉDIE EN UN ACTE, MÊLÉE DE COUPLETS.

Le théâtre représente l'intérieur d'une forge de village. Au fond, une porte donnant sur la campagne; une fenêtre à gauche de la porte du fond. Portes latérales. A droite, sur le premier plan, une table; une enclume à droite, au fond, devant la forge. Buffet, chaises, etc. A gauche, un grand fauteuil.

SCÈNE PREMIÈRE.

MARIE, *assise et filant*, CHRISTIAN, Ouvriers forgerons *.

(Au lever du rideau, Christian et les forgerons battent un fer rouge sur l'enclume, en chantant le chœur suivant :)

CHŒUR.

AIR *nouveau de* M. *Bruguière.*

Forge, forge, forge avec zèle,
Forge, forge, bon ouvrier,
Près de ta forge et de ta belle,
Travaille bien, fais ton métier.

MARIE.

Au lever de l'aurore,
Le forgeron dispos,
De son marteau sonore
Frappe au loin les échos.
Pour oublier sa peine,
Et bien gagner son pain,
Pour se mettre en haleine,
Il chante ce refrain :

CHŒUR.

Forge, forge, forge avec zèle,
Forge, forge, bon ouvrier,
Près de ta forge et de ta belle,
Travaille bien, fais ton métier.

_____

* Les personnages sont placés en tête de chaque scène comme ils doivent l'être au théâtre.

MARIE.

D'une femme rebelle,
S'il devient amoureux,
Il faut que la cruelle
Bientôt cède à ses feux.
A l'amour qu'il allume,
Nulle n'a résisté;
Il forge sur l'enclume,
Des fers pour la beauté.

CHŒUR.

Forge, forge, etc.

CHRISTIAN, *venant en scène.*

Ah! merci! merci, mamzelle Marie, de charmer nos travaux avec votre jolie voix... Cette voix-là me donne un courage et un poignet à forger tous les fers des chevaux de l'armée française...

(On entend une marche militaire à l'extérieur.)

MARIE, *courant à la fenêtre.*

Tenez... tenez, en parlant de Français..... en v'là qui défilent dans votre village.

CHRISTIAN, *avec joie.*

Les Français reviendraient déjà chez nous !..... Ces bons Français... qui paient toujours sans marchander.. .. (*Allant regarder à la fenêtre.*) Ma foi oui... les voilà... Dieu! les superbes hommes !... Oh! le magnifique trompette !

MARIE, *à la fenêtre.*

C'est le régiment de mon père ; je le reconnais!

CHRISTIAN, *agitant son mouchoir.*

Vivent les Français !... Vive le trompette !

TOUS LES FORGERONS, *murmurant.*

C'est une horreur !...

CHRISTIAN, *quittant la fenêtre.*

Qu'est-ce qu'il vous prend donc, à vous autres*?

UN FORGERON.

C'est affreux ! maître Christian..... Crier : vivent les Français !... les ennemis de votre pays...

* Marie, Christian, le forgeron

CHRISTIAN.

Laissez donc... des ennemis qui paient bien, ce sont des amis... D'ailleurs, quoique Allemand de naissance (*regardant Marie*), je suis Français par le cœur.

LE FORGERON.

Vous n'êtes qu'un mauvais patriote..... et vous pouvez chercher d'autres ouvriers.

TOUS.

Oui! oui!

CHRISTIAN.

Mais ça n'a pas le sens commun.

MARIE, *aux forgerons.*

Mes amis, apaisez-vous.

LE FORGERON.

Nous ne forgerons plus pour lui. Au diable sa boutique et son enclume!

ENSEMBLE.

AIR de *Fra-Diavolo.*

TOUS, *jetant leurs marteaux et leurs outils avec fureur.*

CHŒUR.

Ah! c'est aussi trop d'insolence!
Oser fêter nos ennemis!
Qu'il redoute notre vengeance!
A l'instant quittons ce logis.

CHRISTIAN.

Ah! c'est aussi trop d'insolence,
Je suis le maître en ce logis!
Je ne crains pas votre vengeance,
Tous les Français sont mes amis.

MARIE.

Ah! c'est aussi trop d'insolence!
Le menacer en ce logis!
Pour lui je crains peu leur vengeance,
Car les Français sont ses amis.

(*Les forgerons sortent par le fond en menaçant Christian.*)

SCÈNE II.

CHRISTIAN, MARIE.

CHRISTIAN, *avec colère.*

Les v'là partis. Eh bien! tant mieux !... Je ne serai plus contrarié dans mes opinions politiques et amoureuses. Je serai mon maître... et mes garçons. Je forgerai tout seul... Je me taperai sur les doigts, si ça me plaît..... Ça leur apprendra, les révoltés!...

MARIE.

Pauvre garçon! Vlà ce que c'est que de m'aimer.... d'aimer une Française en pays ennemi.... Tous vos ouvriers vous quittent.

CHRISTIAN.

Mamzelle Marie! mamzelle Marie ! je ne me repens pas de mon inclination pour vous... au contraire... et je trouve fort mauvais que mes simples garçons se permettent de dire du mal des Français, quand ils savent que j'ai mis ma forge, mon enclume et mes fers aux pieds d'une Française.

MARIE.

Mais, mon pauvre Christian, à quoi cet amour-là vous avancera-t-il? Mon père ne voudra jamais nous marier.

CHRISTIAN.

Qui sait, mamzelle Marie?... Votre père est un estimable maréchal-des-logis de l'armée française... Je suis le premier... et le seul maréchal-ferrant de ce pays... Entre maréchaux on peut s'entendre..... Je pratique l'état de forgeron que je tiens de mes aïeux, et je fais fort bien mes affaires... voilà pour l'intérêt... Quant au sentiment, depuis qu'une bonne blessure, qu'a reçue le père Robert, il y a environ trois mois, m'a procuré l'agrément de l'avoir pour locataire à l'ambulance de ce village, mon esprit et mon urbanité paraissent lui plaire beaucoup... il me trouve facétieux... je le fais rire... Eh! eh! eh !

(Il rit bêtement.)

MARIE.

Et puis, vous l'avez bien soigné.... ça m'a fait vous aimer tout de suite.

CHRISTIAN.

Dam , mamzelle Marie....., je suis un peu médecin..... j'ai guéri presque tous les chevaux du pays... et j'ai même aidé à remettre la jambe de l'auteur de vos jours... ce qui m'a valu de sa part une foule de horions fort désagréables ; car il est très-violent, votre respectable père , sur certaines choses, par exemple... un jour, entre autres , avant votre arrivée, que j'ai cru qu'il allait trépasser... et que je lui ai amené le curé du village , ça l'a mis dans une telle fureur , que moi , qui suis naturellement très-courageux... je me suis caché sous la table... et le curé s'est enfui, en l'exorcisant comme un possédé !

MARIE.

Et il a bien fait de s'enfuir, Christian. Si j'avais été là , vous n'auriez pas appelé de curé. A la vue d'un homme noir , voyez-vous , comme mon père les appelle , il n'est plus maître de lui... rien ne peut le calmer... et je ne dois pas l'en blâmer... car il a de bonnes raisons pour ça... mais j'oublie , en causant, qu'il m'attend sur la route où je l'ai conduit au-devant de son régiment qui revient dans ce village... Je cours lui porter sa pipe.

CHRISTIAN.

Du tout , mamzelle Marie... c'est moi qui veux y aller... Je veux avoir le bonheur de faire fumer ce digne vieillard ; ça le préparera tout doucement à ma demande en mariage... Sans adieu , mamzelle Marie..... à bientôt, madame Christian ! (*Riant.*) Eh ! eh ! eh !

(Il sort en courant par le fond.)

SCÈNE III.

MARIE, *seule*

Madame Christian !... C'est que ça serait un joli nom tout de même ; et, quant à ces gros vilains Allemands qui en veulent à Christian de m'aimer, je suis bien sûre que je les apprivoiserai dès que je serai sa femme... Avec de doux yeux aux uns , de petits sourires aux autres , nous serons bientôt les meilleurs amis du monde... Et puis, les sourires , les œillades, ça nous coûte si peu à donner... et ça fait tant de plaisir à recevoir !...

SCÈNE IV.

L'ABBÉ PASCAL, MARIE.

(Il est en habit noir et porte la décoration de la Légion d'Honneur.)

L'ABBÉ, *entr'ouvrant la porte du fond.*

Le forgeron Christian, s'il vous plaît ?...

MARIE, *lui faisant la révérence.*

Il est sorti, monsieur... Mais, en son absence, vous voyez
la maîtresse du logis... ou à peu près...

L'ABBÉ, *venant en scène.*

Cela se trouve bien, mon enfant ; car je suis porteur d'un
billet de logement pour cette maison, pendant le séjour du régiment des chasseurs de la garde dans ce village...

MARIE.

Vous ! (*A part, en riant.*) Eh bien ! v'là un soldat qui
porte un drôle d'uniforme. (*Haut.*) Est-ce que vous servez
dans ce régiment-là ?

L'ABBÉ, *souriant.*

J'y sers à ma manière... j'en suis le nouvel aumônier.

MARIE, *avec effroi.*

L'aumônier ! Et vous venez demeurer ici ?

L'ABBÉ.

Sans doute...

MARIE, *vivement.*

Impossible ! monsieur, impossible !..... Christian loge déjà
mon père, un maréchal-des-logis blessé...

L'ABBÉ.

Calmez-vous, ma fille... je ne gênerai personne... je suis
un voisin fort accommodant..... Le plus petit coin de la maison me suffira... cela vaudra toujours bien le bivouac..... Et
puis, un aumônier de régiment... c'est presque un soldat...
et entre camarades...

MARIE, *à part, pendant que l'abbé regarde la chambre.*

Ah ! mon Dieu !..... Qu'est-ce que dira mon père ?...

L'ABBÉ, *s'asseyant dans un grand fauteuil à gauche.*

Eh ! mais...... pour un pauvre abbé de régiment...... voilà presque un fauteuil de chanoine...

MARIE, *à part.*

C'est ça..... le v'là déjà comme chez lui...

L'ABBÉ , *assis.*

Et comment se nomme votre père , ma chère enfant?...

MARIE.

C'est le maréchal - des - logis Robert.

L'ABBÉ , *se rappelant.*

Robert!... Attendez donc... je me souviens .... on m'en a parlé... un brave militaire qui boit bien , jure de même... et ne peut pas souffrir les abbés, les aumôniers...

MARIE, *vivement.*

C'est ça même!

L'ABBÉ , *souriant.*

Eh bien ! mon enfant, il a cela de commun avec de très-honnêtes gens, à qui je n'en veux pas le moins du monde... Il faut savoir vivre avec ses ennemis... en tems de guerre surtout... (*Il se lève.*) Qui sait, d'ailleurs, si nous ne ferons pas la paix, Robert et moi ?..... J'aime les braves....... nous causerons batailles... boulets,.. mitraillé..... je lui conterai mes campagnes...

MARIE.

Vos campagnes?...

L'ABBÉ , *riant.*

Oui..... mes campagnes d'abbé... J'ai fait la guerre aussi , moi... mais toujours en abbé... pacifiquement... à la suite..... Ce qui n'empêche pas l'ennemi de nous traiter parfois en héros.... Après le combat, sur le champ de bataille........ quand nous envoyons de pauvres ames au ciel... une balle perdue nous met souvent du voyage !...

MARIE.

Est-il possible !

L'ABBÉ.

C'est fort heureux , mon enfant. Car , au lieu d'une veuve , d'un orphelin, cette balle-là ne fait qu'un abbé de moins. Vous voyez que c'est tout bénéfice...

MARIE.

Il est gentil, le bénéfice !... Mais c'est égal..... c'est bien à vous de faire un état comme ça...

L'ABBÉ.

Mon état, ma fille... je n'en connais pas de plus beau !....

AIR *nouveau de M. Bruguière.*

Aumônier de régiment,
  Ah ! vraiment,
   Mon enfant,
  C'est un état charmant !

Modestement on voyage
Avec de braves soldats ;
A la guerre l'on partage
Leurs succès, leurs embarras.
S'ils affrontent la mitraille,
On dit pour eux l'*Oremus* ;
Et, s'ils gagnent la bataille,
Le *Te Deum laudamus.*

Aumônier de régiment,
  Ah ! vraiment,
   Mon enfant,
  C'est un état charmant !

S'il survient une querelle,
S'ils mettent le sabre en main,
En aumônier plein de zèle,
On les suit sur le terrain.
Malgré leurs cris, leur colère,
On calme ces furieux..
Et, pour arranger l'affaire,
On va trinquer avec eux.

Aumônier de régiment,
  Ah ! vraiment,
   Mon enfant,
  C'est un état charmant !

MARIE.

Ah ! mon Dieu, monsieur l'aumônier... quel dommage que vous soyez si brave homme !

L'ABBÉ, *riant.*

Pourquoi ?

MARIE.

C'est que ça me ferait moins de peine de vous renvoyer...
car, malgré tout ça, voyez-vous... mon père ne consentira
jamais à loger avec vous... il s'en ira... m'emmènera, et le
pauvre Christian périra de chagrin.

L'ABBÉ, *riant.*

Je ne voudrais pas causer la mort de M. Christian, mon
enfant... mais c'est donc de la haine qu'inspire mon état à
Robert ?

MARIE.

Encore plus que ça, monsieur l'abbé...

L'ABBÉ, *gaîment.*

Encore plus!... et peut-on savoir quel grand motif?...

MARIE.

Dam!... si vous me promettez le secret...

L'ABBÉ, *souriant.*

En fait de secret, ma chère fille, je tiens toujours plus
que je ne promets... parlez, parlez...

MARIE, *naïvement.*

V'là ce que c'est... j'avais pour tante une fermière bien
vieille, bien riche... et bien dévote... j'étais son héritière...
quand tout-à-coup elle tombe malade... le curé du pays ne la
quitte plus, et elle meurt, un beau jour, en lui laissant tout son
bien.

L'ABBÉ.

Pauvre enfant !... (*A part.*) Abuser ainsi de son ministère..... c'est affreux !... (*Haut.*) Et de quel village êtes-vous?

MARIE.

De Champ-Fleury, en Alsace...

L'ABBÉ, *avec émotion.*

De Champ-Fleury !

MARIE.

Qu'avez-vous donc ?...

L'ABBÉ.

Rien, rien... (*Avec trouble.*) Et le nom de ce curé ?

MARIE.

L'abbé Pascal.

L'ABBÉ, *à part, avec douleur.*

Oh ciel !... Mon frère !...

MARIE.

AIR *de M. Bruguière.*

J'étais réduite à la misère,
Par ce fatal événement,
Quel fut alors le courroux de mon père !
Mon pauvre père, il m'aime tant !
Moi, je ne peux haïr personne,
Je plains, hélas ! mon ennemi...
Que le bon Dieu lui pardonne,
Comme je lui pardonne ici.

ENSEMBLE.

MARIE.

Moi, je ne peux haïr personne,
Je plains, hélas ! mon ennemi...
Ah ! que le bon Dieu lui pardonne,
Comme je lui pardonne ici !

L'ABBÉ, *à part.*

Chère enfant ! combien elle est bonne !
Ah ! que je la plains aujourd'hui !
Mon frère, que Dieu te pardonne,
Comme elle te pardonne ici !

MARIE , *regardant par le fond.*

Mon père va venir... Monsieur l'abbé, au nom du ciel, allez-vous-en... je vous aimerai tant si vous ne revenez pas !...

L'ABBÉ.

Impossible, mon enfant... Ce logement m'est désigné, et j'y tiens... (*avec intention*) j'y tiens maintenant plus que jamais. (*A part.*) Oui, mais comment y revenir, Robert ne me recevrait pas... ah ! n'importe... je chercherai, je trouverai ; Dieu m'inspirera... A quelque prix que ce soit, il faut que je répare la faute de mon frère.

MARIE.

Eh bien , monsieur l'abbé ?

L'ABBÉ.

Eh bien !... Tout ce que je puis faire pour vous, c'est de m'éloigner un instant, pour vous donner le tems de préparer votre père à ma visite.

MARIE.

C'est ça, allez-vous-en un peu ; ça sera toujours ça de gagné...

L'ABBÉ.

Air *de Lestocq.*

Adieu, mon enfant, calmez-vous ;
Pour l'apaiser, entendons-nous
Ensemble.
Puisque je connais vos secrets,
Il faut seconder en tout mes
Projets.

ENSEMBLE.

MARIE.

Que dira mon père aujourd'hui,
Il voit en vous un ennemi ;
Je tremble.
Ah ! combien je crains sa rigueur !
Je ne puis bannir de mon cœur
La peur.

L'ABBÉ.

Ma chère enfant, point de souci,
Nous nous entendrons aujourd'hui
Ensemble.
Je ne veux que votre bonheur ;
Ah ! bannissez de votre cœur
La peur.

(Elle fait sortir l'abbé par le fond, à gauche.)

SCÈNE V.

MARIE, ROBERT, *donnant le bras à* CHRISTIAN. (*Ils entrent par le fond.*)

ROBERT, *à Christian.*

Oui, morbleu, j'irai... et ce n'est pas un conscrit comme toi qui m'en empêchera.

CHRISTIAN.

Aller s'exposer à recevoir quelque bonne balle dans le bras ou dans la jambe... ou peut-être plus haut... Tenez, mon ami l'ennemi, ça fait frémir !

ROBERT.

Allons donc, les balles... ce sont les revenant-bons de l'état... et quel état que le nôtre !... Vainqueurs de l'Europe... grâce au petit caporal, l'ouvrier en chef, ça ne va pas mal ; nous travaillons ta patrie pour le quart d'heure, et, sauf quelques égratignures par ci par là, nous n'y faisons pas de trop mauvaises affaires.

CHRISTIAN.

Tout ça n'empêche pas, mon ami, l'ennemi, que je parierais mon enclume et mon marteau que vous serez tué dans votre expédition.

MARIE, vivement.

Tué ! tué !... Qu'est-ce qu'il dit donc là ?

(Robert remonte un peu la scène.)

CHRISTIAN.

Figurez-vous, mademoiselle Marie, que vot' vaillant père n'a rien eu de plus pressé, en revoyant son capitaine, que de le prier de lui confier la première expédition où il y aurait quelque danger à courir, pour réparer le tems perdu, à ce qu'il dit.

(Robert redescend la scène.)

MARIE.

Comment, mon père... vous pensez à vous battre, quand vous êtes à peine guéri de vot' blessure ?

CHRISTIAN.

Avec ça qu'il boîte encore.

AIR : *de sommeiller encor, ma chère.*

C'est aussi par trop d'imprudence,
Il ne pourra jamais, je croi,
Fuir l'ennemi

ROBERT, *avec colère.*

Quelle insolence !

CHRISTIAN.

Je parl' de ça comme pour moi....
Car, moi, qui suis des plus ingambes,
Si l'danger vient, loin d'l'braver,
J'me dis : l'ciel m'a donné des jambes,
Ça doit servir à me sauver.

MARIE.

Fi ! mon père, c'est affreux !... vous voulez me quitter, vous ne m'aimez plus !...

ROBERT.

Je ne t'aime plus ! toi, ma fille unique... Mais si je veux gagner une récompense, c'est pour te laisser quelque chose, ma pauvre enfant, puisque le maudit homme noir t'a tout pris.

MARIE, à part.

Ah ! mon Dieu ! comment lui annoncer l'autre ?

CHRISTIAN.

Mais avec tout ça, père Robert, s'il vous arrive malheur, qu'est-ce qu'elle deviendra vot' intéressante orpheline de fille ?

ROBERT.

Bah ! bah ! elle trouvera quelque bonne jambe de bois pour mari.

CHRISTIAN.

Donner sa main à une jambe de bois... fi donc ! j'ai mieux que ça à vous proposer pour elle.

ROBERT.

Qui donc ?

CHRISTIAN.

Moi, père Robert, moi, qui me parais un parti sortable et complet. (Riant.) Eh ! eh ! eh !

ROBERT.

Toi !... Au fait, si Marie t'aime... et que je sois désigné pour marcher... je te la donnerais plutôt que de la laisser sans appui dans ton chien de pays.

CHRISTIAN.

Ah ! merci, père Robert.

ROBERT,

Minute pourtant... il y a une condition.

CHRISTIAN.

Laquelle ?

ROBERT.

C'est qu'avant de partir, je ne trouverai pas mieux que toi.

CHRISTIAN, *avec fatuité.*

Ça me semble fort difficile, père Robert.

ROBERT.

Pas du tout... Le premier venu... un Français, un camarade, par exemple ; alors rien de fait entre nous.

CHRISTIAN.

Et si vous n'en trouvez pas ?

ROBERT.

Tu seras mon gendre.

CHRISTIAN.

Je vous remercie de la préférence, père Robert *. (*Bas à Marie.*) Soyez tranquille, mamzelle Marie, je ne le quitterai pas plus que mon ombre ; je le brouillerai plutôt avec tout le régiment et je ne laisserai pas arriver un soldat ici.

(On frappe à la porte.)

ROBERT et **CHRISTIAN.**

Qu'est-ce que c'est que ça ?

MARIE, *à part et très-troublée.*

Ah! mon Dieu !... déjà lui !... et moi qui n'ai rien dit à mon père !...

(On frappe encore.)

CHRISTIAN.

On y va !... on y va...

MARIE, *le retenant **.*

Arrêtez !... (*Avec embarras.*) C'est que, voyez-vous, mon

* Marie, Christian, Robert.
** Christian, Marie, Robert.

père, c'est une personne qui est déjà venue pour un billet de logement.

CHRISTIAN.

Un soldat ?

ROBERT.

Un camarade ?... tant mieux.

CHRISTIAN.

Tant pis...

MARIE, *avec trouble.*

Ce n'est pas précisément un camarade ; c'est...

ROBERT.

Eh bien ?

MARIE.

C'est...

ROBERT.

Eh bien ! qui ? Ça n'est pas le diable peut-être !...

MARIE, *avec effort.*

C'est... le nouvel aumônier de votre régiment.

ROBERT, *avec colère.*

Un homme noir, ici !... Ah ! morbleu, je n'y resterai pas une minute de plus... je vas faire mon sac*...

CHRISTIAN.

Par exemple, père Robert, C'est à lui de vous céder la place... Je vas joliment le renvoyer, l'homme noir !...

ROBERT.

Tu ne le peux pas, imbécille, puisqu'il a son billet de logement ici.

CHRISTIAN.

Cam'est égal... (*A part.*) Un abbé, ça doit filer doux tout de suite... je vas lui faire peur. (*On frappe de nouveau : il va ouvrir, en disant avec force et colère :*) Entrez, monsieur !

(*Il passe à l'extrême droite.*)

* Christian, Robert, Marie.

L'Aumônier du Régiment.   2

SCÈNE VI.

LES MÊMES, L'ABBÉ PASCAL , *en uniforme de soldat du régiment de Robert , et portant un paquet au bout de son sabre.*

AIR de M. Bruguière.

ENSEMBLE.

ROBERT et MARIE.

Un soldat... qu'ai-je vu ?
Quel bonheur imprévu!

CHRISTIAN.

Un soldat... qu'ai-je vu ?
Quel malheur imprévu !

L'ABBÉ, *gaîment.*

C'est un soldat, un bon compère,
Qui vient aujourd'hui, sans façon,
Pour s'établir dans vot' chaumière,
Et chez vous prendre garnison.
Quoiqu'il ait l'habit militaire,
Ici, n'ayez pas peur de lui,
Dans un soldat il voit un frère,
Dans un bourgeois il voit un ami.

ENSEMBLE.

L'ABBÉ.

Dans un soldat il voit un frère.
Dans un bourgeois il voit un ami.

ROBERT, MARIE , CHRISTIAN.

Dans un soldat il voit un frère,
Dans un bourgeois il voit un ami.

ROBERT , à Marie.

Ah ça, qu'est-ce que tu me chantais donc avec ton aumônier ?

MARIE, *très-embarrassée et regardant l'abbé.*

Dam, mon père... c'est que...

L'ABBÉ , *l'interrompant et lui faisant signe de se taire.*

C'est que l'aumônier devait en effet venir... mais j'ai troqué mon billet de logement contre le sien.

ROBERT.

Et t'as bien fait, sacrebleu!... un camarade au lieu d'un abbé... en v'là un bonheur! (*A Christian.*) Du vin, forgeron, et du meilleur de ta cave, pour fêter ton nouvel hôte..

CHRISTIAN, *à part et avec dépit.*

Comme c'est régalant de régaler encore cet intrus-là.

ROBERT, *à l'abbé.*

Ah çà mais, j'y songe, tu es nouveau dans le régiment?... je ne te connais pas.

L'ABBÉ.

Oui, mon ami, je suis une nouvelle recrue.

ROBERT.

Allons, not' fille, débarrasse le camarade de son bagage.

MARIE.

De grand cœur, mon père!

(Elle prend le paquet de l'abbé.)

L'ABBÉ, *bas à Marie.*

De la discrétion, mon enfant, il y va de votre bonheur...

MARIE, *bas à l'abbé.*

Oh! je ne dirai rien, monsieur l'aumônier... pas même à Christian qui est un bavard.

ROBERT, *à Christian qui a placé sur la table des bouteilles et des verres.*

C'est bon... Maintenant, Pékin, laisse-nous en tête-à-tête... le camarade, la bouteille et moi...

CHRISTIAN, *bas à Marie.*

Méfiez-vous du camarade, mamzelle Marie; il a l'air d'un tapageur *.

L'ABBÉ, *à part.*

Dieu! que de bouteilles!

---

* Christian, Marie, Pascal, Robert.

ROBERT.

AIR *de l'If de Croissey.* (Ch. Tolbecque.)

A table, camarade,
Et trinquons vivement,
Il faut boire rasade
A notre régiment.

ENSEMBLE.

ROBERT.

A table, camarade,
Et trinquons vivement, etc.

L'ABBÉ, *à part.*

Pour moi quelle incartade!
Il faut, en ce moment,
Que je boive rasade,
A notre régiment.

CHRISTIAN, *à Marie.*

Du nouveau camarade,
Méfiez-vous vraiment!
Je crains quelque incartade
Pour notre sentiment.
Au diable soit le camarade!
Il a l'air d'un galant.

MARIE.

La plaisante incartade!
Il est jaloux vraiment;
Il craint le camarade
Pour notre sentiment.
Être jaloux du camarade,
Ah! c'est affreux vraiment.

(Marie entre dans la chambre à droite avec le bagage de l'abbé; Christian sort par le fond.)

SCÈNE VII.

L'ABBÉ, ROBERT, *puis* MARIE.

ROBERT, *assis à la table à droite, et la bouteille à la main.*

Allons, camarade, tends-moi ton verre...

L'ABBÉ, *arrêtant Robert qui lui verse à boire.*

Assez, assez... (*A part.*) Il griserait son aumônier, ce gaillard-là!..

ROBERT.

Ah ! çà, morbleu ! tu ne jures pas... tu ne bois pas... Sais-tu qu'on te prendrait pour un soldat du pape ?...

L'ABBÉ, *riant*, *à part.*

On n'aurait peut-être pas tort...

ROBERT, *buvant.*

A ta santé !...

L'ABBÉ, *de même.*

A la vôtre !...

ROBERT.

Qu'est-ce que c'est que ça, à la vôtre ?... Veux-tu bien me tutoyer tout de suite... ou nous nous fâcherons...

L'ABBÉ.

Allons, allons, calme-toi... je vous promets de te tutoyer...

ROBERT.

A la bonne heure... Il y a de l'étoffe... Tu n'auras pas été quinze jours dans les chasseurs de la garde, que tu ne feras pas plus grâce au vin vieux qu'aux jeunes filles... Par exemple, il te manque un agrément personnel pour plaire au beau sexe...

L'ABBÉ, *riant.*

Quoi donc ?

ROBERT.

Des moustaches, morbleu !

L'ABBÉ, *riant.*

Sans doute... mais ce n'était pas d'uniforme dans le corps où je servais...

ROBERT.

C'est juste... Le règlement avant tout !... On tenait donc beaucoup à la discipline, dans ton régiment ?

L'ABBÉ, *avec bonhomie.*

Certainement... certainement... quoique notre général soit fort indulgent.

ROBERT.

Diable ! ça m'irait, un chef comme ça !

L'ABBÉ, *avec onction.*

Oui, mon ami, oui, vous l'aimeriez... Il pardonne plus qu'il ne punit... Tolérance et bonté, voilà sa devise!... Il sait que l'oubli des offenses est la première vertu... Ceux qui la pratiquent sont ses élus... et le bonheur dans cette vie, la paix dans l'autre, voilà, mon cher frère, les récompenses qu'il leur réserve!...

ROBERT, *riant.*

Ah! ah! ah!... Quel diable de sermon me fais-tu donc là?... Tu prêches comme un aumônier!

L'ABBÉ *confus, à part.*

Ce que c'est que l'habitude!...

ROBERT.

A propos d'aumônier, est-ce qu'on ne voulait pas m'envoyer ici celui du régiment!... Ah! je lui en aurais fait voir des dures, à celui-là!...

L'ABBÉ, *gaîment.*

C'est pour cela que je viens à sa place.

ROBERT.

Bah!

L'ABBÉ, *souriant.*

Il savait tout!... votre antipathie... son motif... Quelqu'un de Champ-Fleury lui avait tout conté...

ROBERT.

Eh bien, morbleu! tant mieux!... ça fait que nous ne nous verrons jamais que de profil... Rien que son habit me donne mal aux nerfs... Ça me rappelle ce tartufe de notre village... Quand je pense à ça, vois-tu, j'entre en fureur, et s'il était là....

L'ABBÉ, *froidement, retenant Robert prêt à se lever.*

S'il était là, Robert, s'il te suppliait de l'entendre... tu ne le fuirais pas... tu l'écouterais...

ROBERT.

Je me boucherais les oreilles....

L'ABBÉ.

Tu l'écouterais, Robert... tu lui pardonnerais... car crois-tu, toi-même, n'avoir pas besoin d'être pardonné...

ROBERT, *avec force.*

Non pas d'un crime comme ça, milzieux!... J'ai fait la guerre en luron... en sacripant, peut-être... J'ai battu le bourgeois... je lui ai pris ses poules... j'ai quelquefois pillé l'ennemi... mais je n'ai jamais dépouillé d'orpheline... je n'ai pas ruiné de pauvres filles, moi... et, si je leur ai volé quelques baisers par-ci par-là... ça ne les en rendait pas plus pauvres...

L'ABBÉ.

Et, si cet homme venait à toi, les larmes aux yeux, et te disait, le désespoir dans l'ame... Robert, tu m'accuses à tort... je n'ai pas sollicité l'héritage de ta fille... oublie le mal involontaire que je t'ai fait...

(*Tirant un portefeuille de sa poche.*)

AIR *de la Haine d'une femme.*

Cet or, crois-moi, je le déteste,
Je veux te le rendre aujourd'hui;
C'est une erreur, je te l'atteste,
Ne maudis pas ton ennemi.

ROBERT, *regardant le portefeuille et se levant.*

Que m'offres-tu?.. que signifie?..

L'ABBÉ, *très-troublé, se levant.*

Ah! je m'abusais... j'en convien..
Et mon ame, trop attendrie,
Pensait à ta fille appauvrie...
J'espérais, en t'offrant mon bien,
Pouvoir lui rendre ainsi le sien.

ROBERT.

Jamais! jamais!... je ne voudrais pas de son or... Il se l'est fait donner, le cafard, qu'il le garde... ça me salirait les mains... j'aime mieux le haïr tout à mon aise... lui et sa bande noire...

L'ABBÉ.

Allons, allons, camarade, ne parlons plus de cela... (*A part.*) A présent, du moins.

ROBERT.

Convenu... Motus sur cet article orageux... (*Avec sensibilité à l'abbé, en lui serrant la main.*) Mais ça ne m'empêche pas de dire que tu as bon cœur, et que tu es un brave garçon...

MARIE, *qui est entrée pendant la scène et a écouté à l'écart, s'approchant vivement* *.

N'est-ce pas, mon père?

ROBERT.

Ah! ah! petite futée, tu nous écoutais donc?

MARIE, *timidement.*

Je... crois que oui, mon père... (*Avec sentiment.*) C'est qu'il parle si bien, votre camarade!

ROBERT.

Tu trouves?... Oui, c'est un bon diable qui me plaît... quoiqu'il n'ait pas de moustaches et qu'il boive comme une demoiselle... Mais je le formerai... je le convertirai, morbleu!

L'ABBÉ, *à part.*

Oui... à charge de revanche...

ROBERT.

Et, pour commencer la conversion... nous allons entamer une nouvelle bouteille, embellie d'une jolie chanson de régiment... que tu vas me chanter**.

L'ABBÉ, *à part.*

En voilà bien d'une autre!...

MARIE, *riant, à part.*

Pauvre abbé!

ROBERT.

Est-ce que tu ne chantes pas?

L'ABBÉ.

Si fait... si fait, je chante quelquefois...

* Pascal, Marie, Robert.
** Marie, Pascal, Robert.

MARIE , *à part.*

Au lutrin.

L'ABBÉ.

Mais je t'avoue que je ne sais rien d'assez gai pour la circonstance.

ROBERT.

Un troupier... Attends , j'ai ton affaire.

(Chantant à tue-tête.)

> Au diable soit le régiment ,
> Le régiment de la calotte !

L'ABBÉ , *l'arrêtant vivement.*

Fi ! Robert... fi !...

ROBERT , *avec colère.*

Alors , morbleu ! chante toi-même !... ou je finirai par croire que tu es un sournois... un cafard... et alors séparation totale et indéfinie entre nous !

L'ABBÉ , *avec chaleur.*

Nous séparer ?... Non , non... je chanterai plutôt tout ce que tu voudras.

MARIE.

Là... vous voyez bien , mon père , comme il est complaisant !

ROBERT.

Du jovial , du drôle surtout... ça fait boire...

L'ABBÉ , *à part.*

Voyons... rappelons mes souvenirs de garnison... C'est que le répertoire des camarades est un peu risqué.... (*Haut.*) M'y voici.... Premier couplet :

L'ABBÉ , *se souvenant.*

AIR : *de la Sentinelle perdue.*

> Honneur ! honneur à l'empereur ,
> Qui pourchasse
> Les rois pour se mettre à leur place !
> Honneur ! honneur à l'empereur !
> Ce joli chasseur !
> Ce charmant vainqueur ,

Pour un empereur,
N'est pas du tout flâneur.

Il sait jouer fort poliment
Aux jeux ôt'toi d'là que j'm'y mette ;
Un' couronn' va-t-elle à sa tête,
Il sait s'en coiffer lestement ;
Il en possède un régiment,
Il en a cent
Pour fourniment.

Honneur ! honneur à l'empereur
Qui pourchasse, etc.

(*Parlé.*) Deuxième couplet.

Notre empereur est généreux,
Et s'il aime tant la bataille,
C'est pour ses soldats qu'il travaille,
Il veut donner à chacun d'eux
Un trône et peut-être bien deux.
Ça s'ra fameux,
Fameux ! fameux !

Honneur ! honneur à l'empereur,
Qui pourchasse
Les rois pour se mettre à leur place !
Honneur ! honneur à l'empereur !
Ce joli chasseur,
Ce charmant vainqueur,
Pour un empereur
N'est pas du tout flâneur.

MARIE.

C'est ça chanter !

ROBERT, *applaudissant.*

Bravo ! bravo !... et vive l'empereur !... En v'là une soi-
gnée !... Et quelle voix !...

L'ABBÉ, *riant.*

Écoute donc... quand je m'y mets... je suis tout aussi gai
qu'un autre... à ma manière...

ROBERT.

Eh bien , morbleu ! je l'aime, ta manière... (*Regardant
Marie et l'abbé, à part* *.) Eh! mais, j'y songe, c'est un gendre
comme ça qu'il me faudrait plutôt que cet imbécille de

---

* L'abbé, Robert, Marie.

forgeron…. Au fait, pourquoi pas ?… entre bons enfans… ça peut peut-être s'arranger.

L'ABBÉ, *à part.*

Qu'est-ce qu'il se dit donc là tout seul ?… Soupçonnerait-il ?…..

ROBERT, *à l'abbé*, *le tirant à l'écart.*

La main sur le cœur, mon jeune guerrier… comment trouves-tu mon héritière ?

L'ABBÉ.

Charmante, mon camarade… charmante ! et je la crois aussi bonne que jolie.

ROBERT, *à part.*

Ça va déjà très-bien de ce côté-ci. (*A sa fille, même jeu.*) Et toi, ma petite Marie, que penses-tu du camarade ?

MARIE.

Moi, mon père, je l'aime comme si je le connaissais depuis dix ans.

ROBERT, *à part.*

Ça va encore mieux de ce côté-là… (*A Marie.*) D'après ça, ma petite Marie, si je suis chargé de cette expédition et que je reste en route… tu ne refuseras pas l'appui du camarade ?

L'ABBÉ, *avec chaleur.*

Oui, Robert, oui, je serai son appui, son protecteur… son père.

ROBERT.

Son père… minute… tu es trop blanc-bec pour ça…. son mari, je ne dis pas…

L'ABBÉ.

Qui… moi… son mari !

ROBERT, *à sa fille.*

Qu'en penses-tu ?

MARIE, *riant.*

Dam ; mon père… s'il y consent, je le veux bien.

L'ABBÉ, *à part.*

Oh ! la maligne fille !

ROBERT, *à l'abbé.*

Eh bien !

L'ABBÉ, *avec embarras.*

Eh bien, dam ! Il faut, avant tout, le consentement de mon général.

ROBERT.

Diable... c'est vrai..... Mais puisque tu dis qu'il est bon enfant... et indulgent.

L'ABBÉ, *riant.*

Oui, mais je ne crois pas que son indulgence aille jusque-là.

ROBERT.

Bah ! bah !..... en le priant un peu.

L'ABBÉ, *levant les yeux au ciel.*

C'est ce que je fais tous les jours.

ROBERT.

AIR : *De la Bergère châtelaine.*

Allons, la chose est décidée,

(*Montrant Marie.*)

V'là ta future... embrasse-la.

L'ABBÉ, *troublé.*

Quoi ! vous voulez ?.. ah ! quelle idée !

ROBERT, *faisant passer l'abbé près de Marie.*

N'vas-tu pas t'fair' prier pour ça ?

MARIE, *s'approchant de l'abbé en riant avec malice*.

Voyons, monsieur le militaire,
Il faut obéir à mon père...

L'ABBÉ, *à part.*

Au fait, ce baiser paternel
Ne peut pas offenser le ciel.

(*Il embrasse Marie sur le front avec un trouble comique.*)

★ Robert, l'abbé, Marie.

ROBERT.

2e COUPLET.

Sur le front ?... morbleu ! qu'est-ce à dire ?...
Ce baiser-là ne compte pas.
Recommençons...

MARIE, *à part.*

Ça me fait rire.

L'ABBÉ, *à part.*

Grand Dieu ! quel est mon embarras !

MARIE, *s'approchant de l'abbé, en riant.*

Voyons, monsieur le militaire,
Il faut obéir à mon père.

ROBERT, *parlant.*

Sur la joue... bon !... sur l'autre,... et plus fort que ça,
morbleu ! Que ça résonne.

L'ABBÉ , *regardant Robert.*

Il faut que ça résonne?...

(Il embrasse Marie sur les deux joues.)

ROBERT.

A la bonne heure !...

L'ABBÉ, *à part.*

Ce baiser est moins paternel...
J'en demande pardon au ciel !

SCÈNE VIII.

LES MÊMES, CHRISTIAN.*

CHRISTIAN , *accourant.*

Père Robert !... père Robert... bonne nouvelle... une nouvelle qui va vous combler de joie... et hâter mon mariage !

ROBERT.

Une nouvelle !

* Christian, Robert, l'abbé, Marie.

CHRISTIAN.

Oui... apprenez que tout à l'heure, un de vos camarades, en se désaltérant avec moi, m'a raconté que, dès ce soir, vous seriez chargé d'une expédition...

MARIE.

Ah ! mon Dieu !

CHRISTIAN.

Et d'une fameuse !...

ROBERT.

Il se pourrait!... mon brave capitaine m'aurait déjà choisi !...

CHRISTIAN.

Mon Dieu, oui... ça va vous arriver d'un moment à l'autre...

ROBERT, *avec joie.*

Tant mieux, corbleu !... et j'espère qu'il y aura de tout là-dedans... la croix !... la pension !... des coups de fusil...

MARIE, *tristement.*

Oui... des coups de fusil surtout !

CHRISTIAN.

Et un gendre! père Robert... car, selon nos conventions, et attendu que vous n'avez pas pu trouver mieux que moi, depuis ce matin...

ROBERT.

Ah! tu crois ça, forgeron... Eh bien! c'est ce qui te trompe... Je veux un brave pour ma fille... (*Montrant l'abbé.*) Et le voici !

CHRISTIAN.

Qui ça? lui!.. ce militaire inconnu?.. Et vous consentez à ça, mamzelle Marie?... mais c'est une atrocité de votre part !.....

ROBERT.

Silence, forgeron !

L'ABBÉ, *passant près de Christian.*

Calmez-vous, mon ami *.

* Christian, l'abbé, Robert, Marie.

CHRISTIAN, *furieux, à l'abbé.*

Que je me calme, quand vous me dépouillez de mon bonheur... Quand j'ai déjà commandé trois oies grasses et ma famille pour la noce!

ROBERT.

Te tairas-tu, vilain cyclope?...

CHRISTIAN, *encore plus furieux.*

Non, non. Je ne me connais plus... (*A l'abbé.*) Affreux séducteur que vous êtes!...

ROBERT.

Ah! tu l'insultes!... (*A l'abbé.*) Ah ça, voyons, parle donc un peu à ce pékin-là.

L'ABBÉ.

Oui, oui, je vais lui faire entendre raison. (*A Christian, avec onction.*) La colère est un affreux péché, mon cher frère... songez que la patience et la résignation sont les vertus d'un bon chrétien....

ROBERT, *l'interrompant.*

Est-ce que tu vas nous recommencer ton sermon de tantôt?..... Un bon coup de sabre, s'il n'est pas content, et que ça finisse.

CHRISTIAN.

Un coup de sabre!..... ce mot me rend à la raison, père Robert.... je suis calmé.... (*Criant.*) Mais ça ne m'empêche pas de dire que c'est un affreux procédé de vot' infidèle de fille et de vous.... et je vas décommander mes oies et ma famille!

ROBERT.

Et moi, je vas me mettre sous les armes, pour être tout prêt à partir.

ENSEMBLE.

AIR de *Musard.*

Ah! pour moi quelle aubaine,
Si je peux aujourd'hui,
Grâce à mon capitaine,
Marcher à l'ennemi.

L'ABBÉ, *à part.*

Pauvre homme ! quelle aubaine !
Il espère aujourd'hui,
Grâce à son capitaine,
Marcher à l'ennemi.

CHRISTIAN, *à part.*

Ah ! pour moi quelle peine !
Le bonheur m'est ravi ;

(*Montrant l'abbé.*)

Cet objet de ma haine
Deviendra son mari.

MARIE, *à part.*

Pour Christian quelle peine !
Il me croit aujourd'hui,
Infidèle, inhumaine,
Mais il s'ra mon mari.

(Robert entre dans la chambre à gauche. Christian
sort par le fond.)

SCÈNE IX.

L'ABBÉ PASCAL, MARIE.

L'ABBÉ.

Ouf !... le rôle commençait à me sembler un peu rude !

MARIE.

Dam aussi !.... vous n'y êtes pas du tout... vous prêchiez au
lieu de jurer.... et vous vous faites prier pour m'embrasser,
comme si c'était si difficile.... Christian ne se le serait pas laissé
dire deux fois... lui !...

L'ABBÉ, *galment.*

Oui.... mais je n'ai pas les mêmes priviléges que
M. Christian.

MARIE.

Ça n'empêche pas... on embrasse toujours !... Avec tout ça,
v'là ce pauvre garçon au désespoir.... not' mariage rompu ; et
moi, je resterai fille... car vous ne pouvez pas m'épouser,
vous.

L'ABBÉ, *riant.*.

Non, mon enfant., non., quand j'en aurais la meilleure
volonté du monde... mais ne vous désolez pas... nous arrange-
rons tout cela.

MARIE.

Vous croyez?... après tout, Christian est encore heureux
d'avoir un abbé pour rival.

L'ABBÉ.

Sans doute... un autre à ma place profiterait des bonnes
dispositions de votre père...

MARIE.

D'abord... et puis moi, de mon côté, comme je vous trouve
déjà très-gentil comme ça... Eh! eh!... on ne peut pas savoir...

L'ABBÉ, *à part.*

Hein?... que dit-elle donc là?

MARIE, *continuant et l'examinant.*

D'autant plus que cet habit-là vous va très-bien...

L'ABBÉ, *hésitant.*

Vous croyez?...

MARIE, *se rapprochant.*

Et je ne sais pas comment ça se fait, mais vous me plaisez
bien plus que ce matin...

L'ABBÉ, *stupéfait, à part.*

Par exemple, je ne m'attendais pas à ça... Voyez-vous
l'influence de l'uniforme...

(Haut et gaîment.)

AIR de *Julie.*

Ma chère enfant, quelle faiblesse!
Mais pensez donc à mon état...

MARIE, *baissant les yeux.*

Dam', à l'aumônier je confesse,
Mon amitié pour le soldat.

L'Aumônier du Régiment.　　　　　　　　3

L'ABBÉ, *à part.*

Pour un abbé le rôle est un peu rude.
Une telle confession
Cause bien de l'émotion,
Quand on n'en a pas l'habitude.

MARIE.

Ah ! monsieur l'abbé , si vous vouliez , vous pourriez me
rendre un grand service.

L'ABBÉ , *vivement.*

Parlez... parlez , ma fille.

MARIE.

Un aumônier , ça doit avoir du crédit... Eh bien ! obtenez
du capitaine qu'il n'envoie pas encore mon père à l'ennemi ,
comme disait Christian.

L'ABBÉ.

Oui , mon enfant... oui , j'espère l'obtenir avec la grâce
de Dieu...

MARIE.

C'est ça, avec la grâce de Dieu... et des protections.

SCÈNE X.

LES MÊMES , UN SOLDAT, *entrant par le fond une dépêche à
la main* *.

(La nuit commence à venir.)

LE SOLDAT, *à Marie.*

Une dépêche pour le maréchal-des-logis Robert.

(Il la donne à Marie et sort.)

MARIE , *avec effroi.*

Ah ! mon Dieu !... est-ce que ça serait déjà l'ordre de partir?

L'ABBÉ , *regardant.*

Un écrit est joint à la dépêche.

* L'abbé , un soldat, Marie.

MARIE, *prenant le papier.*

C'est moi qui lis toujours pour mon père..... (*Elle lit.*)
« Ce soir, à neuf heures précises, le maréchal-des-logis Robert
» se mettra en marche suivi de quatre hommes... A sa sortie
» du village, il descendra la ravine jusqu'au petit bois. Les
» éclaireurs ennemis feront feu sur lui... il ira toujours. »
(*S'interrompant.*) Ciel !.... (*Continuant.*) « Et il portera cette
» dépêche au colonel du 104e de ligne qui occupe le village
» de Stolberg, à un quart de mille de celui-ci... » (*Pleurant.*)
Ah ! mon Dieu !... mon Dieu ! que je suis malheureuse !....
Mon pauvre père, à peine remis de sa blessure...

L'ABBÉ.

Calmez-vous, ma fille... le danger n'est peut-être pas si
grand que vous le pensez... Dix minutes suffisent pour porter
ce message.

MARIE.

Et ces éclaireurs ennemis, près desquels il faut passer...
s'ils l'aperçoivent... monsieur l'abbé... il est perdu !

L'ABBÉ.

La nuit est noire, ma pauvre enfant... Dieu veillera sur
lui !..

MARIE, *pleurant.*

Est-ce que Dieu l'a déjà empêché d'être blessé ?.. Il le laissera
tuer, monsieur l'abbé... il le laissera tuer...

L'ABBÉ, *vivement.*

Ah ! mon enfant !...

AIR : *Adieu, beau rivage de France.* (De Grisar.)

Allons, un peu de confiance
Avec moi;
Et dans la providence
Ayez foi.
Vous garderez, je l'espère,
Un père.
Allons, un peu de confiance
Avec moi,
Et dans la providence
Ayez foi,
Mon enfant, ayez foi.

Enfant, du haut des cieux un pouvoir tutélaire,
Veille toujours sur nous et nous prend en pitié,
Il aime d'un bon cœur l'innocente prière,
Et le malheur par lui n'est jamais oublié.
Allons, un peu de confiance
Avec moi,
Et dans la providence
Ayez foi;
Vous garderez, je l'espère,
Un père;
Allons, un peu de confiance
Avec moi;
Et dans la providence
Ayez foi;
Mon enfant, ayez foi.

MARIE.

Je vous crois, monsieur l'abbé, mais c'est égal, je suis bien malheureuse!... (*On entend à l'extérieur une marche en sourdine.*) Entendez-vous... entendez-vous?...

L'ABBÉ, écoutant.

Quoi donc?

MARIE.

Cette marche... (*Courant à la fenêtre.*) Oui, oui, ce sont eux... (*Regardant.*) Neuf heures vont sonner... Ils viennent, monsieur l'abbé, ils viennent!...

L'ABBÉ, ému.

Qui cela, ma fille?

MARIE.

Les soldats... les soldats qui doivent escorter mon père... Les voici... les voici!...

SCÈNE XI.

MARIE, L'ABBÉ, QUATRE SOLDATS *paraissent à la porte du fond.*

(La nuit est close.)

MORCEAU D'ENSEMBLE

AIR <i>des Puritains</i>

LES SOLDATS.

Amis, voici la nuit,
Il faut de la prudence,

Avançons en silence,
Marchons, marchons sans bruit.

MARIE, *à part.*

Ciel en toi seul j'espère,
Exauce ma prière :
Pour les jours de mon père,
Je t'implore aujourd'hui.

L'ABBÉ, *à part.*

Grand Dieu ! vois sa misère ;
C'est en toi qu'elle espère ;
Conserve-lui son père
Et deviens son appui.

ENSEMBLE.

MARIE.

Ciel, en toi seul j'espère, etc.

L'ABBÉ.

Grand Dieu, vois sa misère, etc.

L'ABBÉ , *à part.* (*Parlé, sur la reprise de la marche en sourdine.*)

Oui... c'est le ciel qui m'inspire... Sous ces habits, ils
me prendront pour lui... (*A Marie, à demi-voix et vivement.*)
La dépêche, mon enfant, la dépêche...

(Il passe à gauche , met son chapeau et prend son sabre qui est sur un
fauteuil*.)

MARIE , *la lui donnant.*

La voici...

Suite de l'air.

Mais quel est ce mystère,
Et que voulez-vous faire ?

L'ABBÉ, *à demi-voix.*

Vous conserver un père,
Qui seul est votre appui.

(*A part.*)

Oui, j'expierai, j'espère,
Le crime de mon frère.
Ce que l'or n'a pu faire,
Mon sang va le faire aujourd'hui.

* L'abbé, Marie.

L'ABBE , *se mettant à la tête des soldats.*

Marchons, camarades!...

LES SOLDATS, *partant en suivant l'abbé.*

Amis, voici la nuit,
Il faut de la prudence,
Avançons en silence,
Marchons, marchons sans bruit.

(Marie est à genoux , et l'air de la marche se perd en sourdine dans le lointain.)

SCÈNE XII.

MARIE, *essuyant ses yeux.*

Oh ! le brave homme ! en voilà un trait !... Mais s'il était tué... Je ne me le pardonnerais de ma vie !... J'entends mon père... cachons-lui bien qu'on est parti pour lui... Je le connais, il y courrait aussi...

SCÈNE XIII.

MARIE, ROBERT, *sortant de sa chambre , à gauche , son sabre au côté et une lampe à la main.*

(Jour au théâtre.)

ROBERT.

Personne n'est encore venu, notr' fille ?

MARIE , *très-troublée.*

Personne , mon père.

ROBERT.

Ah ça , que diable me chantait donc ce damné forgeron... avec son expédition ?...

MARIE.

Vous y tenez donc bien ?

ROBERT.

Si j'y tiens ? écoute donc, les bonnes occasions ne se rencontrent pas tous les jours... Celle-là , morbleu !.... je ne la céderais pas à mon père... D'ailleurs, j'en reviendrai, sois tranquille , quelque chose me dit qu'il ne m'arrivera rien dans cette affaire-là !

MARIE , *embarrassée.*

Oui , je l'espère...

ROBERT.

En tout cas, le camarade sera un bon mari pour toi.

MARIE.

Non , mon père, non... Ça ne se peut pas...

ROBERT.

Comme tu voudras !... Il te restera toujours le forgeron...
Il est un peu bête... mais en fait de mari , ça ne nuit pas...
Diable ! l'heure avance... personne ne vient encore... Si fait...
on accourt...

MARIE , *très-troublée.*

Vous croyez ?..

ROBERT.

C'est Christian !...

SCÈNE XIV.

LES MÊMES, CHRISTIAN, *accourant*.

CHRISTIAN, *s'arrêtant stupéfait.*

Ah! ah ! par exemple !... qu'est-ce que je vois là ?... Comment, c'est vous , père Robert !...

ROBERT.

Eh ! sans doute, c'est moi.

MARIE, *bas à Christian.*

Taisez-vous, Christian.

CHRISTIAN, *sans l'écouter, à Robert.*

Comment !... vous que je viens de voir partir d'ici avec
quatre soldats..

ROBERT.

Hein!... qu'est-ce qu'il dit donc là ?

* Robert, Christian *accourant*, Marie.

MARIE, *vivement.*

Il s'est trompé, mon père...

CHRISTIAN.

Mais du tout, mamzelle, j'y vois clair... malgré mon désespoir.. la nuit surtout, je suis, sans comparaison, comme les chats... et j'ai vu très-distinctement, de loin, le père Robert sortir d'ici avec ses camarades, pour aller porter, à la barbe de l'ennemi, la dépêche dont on l'a chargé.

ROBERT, *très-surpris.*

Une dépêche, à moi?

CHRISTIAN.

Quant à la dépêche, j'en suis sûr; j'ai conduit moi-même ici le soldat qui vous l'apportait.

ROBERT, *avec force.*

Quand ça?... réponds...

CHRISTIAN.

Voilà un demi-quart d'heure environ.

ROBERT.

Quelle idée!... Est-ce que par hasard le camarade de tout à l'heure..... Holà! camarade!.., (*Courant à la porte de la chambre à droite*.) Personne ici!... Milzieux! qu'est-il devenu?... camarade! Si c'était vrai... malédiction! (*A Marie.*) Où est-il?...

(On entend une décharge dans le lointain.)

MARIE, *avec une vive émotion.*

Il est.. il est tué pour vous, peut-être, mon père...

CHRISTIAN.

Est-il possible?..

ROBERT.

Tué pour moi, lui..... il m'aurait pris ma belle action?... tué pour moi, le traître, il me le paiera...

* Christian, Robert, Marie.

MARIE.

Ah ! mon père !.. mon père !

ROBERT, *avec fureur.*

Me dépouiller de ma gloire !... enlever ma croix !... ma
pension.. moi qui voulais lui donner ma fille !...

CHRISTIAN.

Et à mon détriment encore !... S'il en revient , plus de
mariage avec lui, n'est-ce pas ?

ROBERT.

A lui.. ma fille... j'aimerais mieux la donner au diable !...
à toi..

CHRISTIAN.

Merci, père Robert , merci toujours.

MARIE, *pleurant.*

Le pauvre homme !... c'est affreux !... personne ne le plaint
seulement ici.. (*La porte s'ouvre, l'abbé paraît. Marie jetant un
cri.*) Le voici.. ah ! mon Dieu, je te remercie.

SCÈNE XV.

LES MÊMES , L'ABBÉ **.

MARIE, *courant à lui.*

Il ne vous est rien arrivé, n'est-ce pas ?

L'ABBÉ, *avec calme.*

Non, mon enfant, non...

ROBERT , *furieux.*

A nous deux , camarade ! à nous deux !... Rentre, ma
fille.. (*A Christian.*) Et toi, va-t'en..

* Christian, Robert, l'abbé, Marie.

CHRISTIAN, *avec joie, en regardant l'abbé.*

Oui, père Robert, oui, je vas recommander ma noce et je vous l'amène.

(Il sort par le fond. Marie rentre dans la chambre de son père, en faisant un signe d'amitié à l'abbé. Robert remonte la scène et redescend à droite.)

SCÈNE XVI.

L'ABBÉ, ROBERT.

ROBERT.

Un mot, un seul. Reviens-tu de là-bas?

L'ABBÉ, *froidement.*

Oui.

ROBERT.

As-tu remis la dépêche?

L'ABBÉ.

Je l'ai remise.

ROBERT.

Sacre et mort! c'est donc vrai! Et sais-tu que tu m'as volé? Sais-tu que l'honneur de c't'action et les coups de fusil qu'ils t'ont tirés, ça me revenait de droit.. Sais-tu qu'il n'y a qu'un lâche pour aller se battre à la place d'un autre?

L'ABBÉ, *souriant.*

Je ne savais pas cela.

ROBERT.

Eh bien, morbleu! je te l'apprendrai... et ici même, à l'instant, en tête-à-tête; tu vas m'en rendre raison...

L'ABBÉ, *troublé, à part.*

Que dit-il?

ROBERT

Je te tuerai, ou tu me tueras, et c'est ce qui peut m'arriver de mieux à présent. Quand tout le régiment saura que le vieux Robert a pris un remplaçant, crainte des égratignures, je serai déshonoré, milzieux!... (*Avec sensibilité.*) Et ma fille....

ma pauvre fille, à qui j'aurais gagné une dot... c'te croix, c'te pension qui me sont dues depuis si long-tems..... allons, milzieux... dégaîne, et lestement !

L'ABBÉ.

Robert, écoutez-moi...

ROBERT.

Je n'écoute rien...

L'ABBÉ.

Calmez-vous..

ROBERT.

Dégaîne !

L'ABBÉ.

Je n'en ferai rien.

ROBERT.

Bats-toi, ou je te tue.

L'ABBÉ, *froidement*.

Je ne me battrai pas, et vous ne me tuerez point.

ROBERT, *tirant son sabre*.

Je ne te tuerai pas ? et pourquoi ça, milzieux ?

L'ABBÉ, *sortant sa main droite de son uniforme et la lui montrant enveloppée d'un linge*.

Parce qu'un brave soldat ne frappe jamais un ennemi blessé.

(Il regarde Robert stupéfait et rentre dans la chambre à droite.)

ROBERT.

Blessé ! blessé !... Morbleu ! je ne m'attendais pas à ça !

SCÈNE XVII.

ROBERT, Soldats *de son régiment, dans le fond sur la gauche.*

CHŒUR DE SOLDATS,

AIR : *Fragment du Châlet.*

Ah ! le beau trait ! ah ! le beau dévouement !
Vive Robert ! il est vraiment
L'honneur du régiment !

ROBERT, *parlant.*

Vive Robert!.. vive Robert!... et pourquoi ?

LES SOLDATS, *reprenant le chœur.*

Ah ! le beau trait ! ah ! le beau dévouement !
Vive Robert ! il est vraiment
L'honneur du régiment !

SCÈNE XVIII.

LES MÊMES, MARIE*.

MARIE, *accourant.*

Mon père... mon père... Quelle joie ! quel bonheur !

ROBERT.

Quoi ? qu'arrive-t-il encore ?

MARIE.

La croix ! la croix pour vous ! à ce que disent les camarades, et vot' nom à l'ordre du jour de ce soir.

ROBERT.

Ils ne savent ce qu'ils disent, mon enfant. Mais, morbleu !
j'aurais eu tout ça, sans le traître qui m'a tout pris...

MARIE, *baissant la voix.*

Lui un traître !... pas du tout.... c'te dépêche qu'il a portée,
l'honneur qui lui en revient, les coups de fusil qu'on lui a
tirés.... tout ça s'est fait sous votre nom...

* Robert, Marie, les soldats *dans le fond.*

ROBERT.

Sous mon nom?... milzieux!... est-il possible?... La gloire
pour moi... la blessure pour lui. Ah! c'est tout de même beau
de sa part.... c't action-là nous réconcilie... (*A sa fille.*) Et
s'il veut toujours de toi... à demain la noce...

SCÈNE XIX.

LES MÊMES, CHRISTIAN, *entrant sur le dernier mot de Robert, un bouquet à la main, et suivi de* PARENS ET AMIS*.

CHRISTIAN.

La noce!... me v'là, beau-père, moi, mon bouquet et ma
famille... quant aux oies, elles resont à la broche.

ROBERT.

Garde tes oies, mon garçon, moi je garde ma fille et je la
donne à mon brave et généreux camarade. (*Frappant à la porte
de la chambre de l'abbé.*) Viens, viens, mon brave...

CHRISTIAN.

Comment! c'est encore l'autre?... Ah! c'est trop fort, à
la fin, je m'exaspère... on ne ballotte pas un cœur de forgeron comme ça..., il faut que le troupier m'en rende raison...
je ne crains pas plus le soldat maintenant que je n'avais peur
de l'abbé, ce matin!... (*Criant à la porte de la chambre de
l'abbé.*) Sortez, monsieur le militaire... sortez!...

SCÈNE XX.

LES MÊMES, L'ABBÉ, *sortant de sa chambre, dans son
premier costume**.

TOUS.

Que vois-je?

CHŒUR DE SOLDATS, *entourant l'abbé.*

Que vois-je en cet instant?
Pourquoi tout ce mystère?
C'est notre ami, not' père,
L'aumônier du régiment!

* Christian, Robert, Marie. soldats, parens et amis.
** Robert, l'abbé, Marie, Christian, soldats, parens et amis.

L'ABBÉ, *avec bonhomie.*

Eh bien! mes enfans, que me voulez-vous?... s'agit-il d'un mariage, d'un baptême?... quelque camarade a-t-il besoin de mon ministère?...

ROBERT , *stupéfait, regardant l'abbé.*

Comment !... c'est toi... c'est vous qui.. que...

CHRISTIAN, *à part.*

J'ai une affreuse berlue... c'est sûr...

ROBERT, *de même.*

C'est pourtant bien ses traits..... ses yeux..... (*Lui prenant la main.*) Et c'te blessure... oui.... oui..... la v'là, c'te bonne blessure.. je la reconnais..

CHRISTIAN , *à part.*

Un abbé blessé... c'est invraisemblable...

L'ABBÉ, *prenant Robert à part.*

AIR *d'Aristippe.*

Eh bien! Robert, qu'en dis-tu?... je me forme...
Au régiment n'ai-je pas fait honneur?
Oui, malgré ce noir uniforme,
Tu vois qu'on peut avoir quelque valeur,
Et, quoique abbé, ne pas manquer de cœur.
Que ta rigueur, ami, soit désarmée,
Et songe bien que dans tous les états,
A l'église comme à l'armée,
Il est de bons et de mauvais soldats.
Pardonnons aux mauvais soldats.

ROBERT.

C'est vrai... mais à chacun ses œuvres... vous êtes un digne homme, vous... tandis que l'autre, le cafard de Champ-Fleury, c'est...

L'ABBÉ , *l'arrêtant, à demi-voix.*

C'est mon frère...

ROBERT.

Votr' frère.... pas possible..... un pareil....

L'ABBÉ, *l'interrompant.*

Il n'est plus..... paix à sa mémoire !...

ROBERT.

Suffit... puisqu'il a fait demi-tour à gauche, n'en parlons plus.... Avec tout ça, c'te croix que vous m'avez gagnée.... je ne peux pas vous la prendre...

L'ABBÉ, *montrant sa croix, en riant.*

Tu vois que j'en ai déjà une..... quant à la tienne, garde-la..... comme tu le disais tout à l'heure, on te la doit depuis long-tems... tu l'as bien gagnée...

ROBERT.

C'est vrai... moi et ma jambe.

L'ABBÉ, *à Marie, avec gaîté.*

Eh bien ! ma petite fiancée, le mariage tient-il toujours?....

CHRISTIAN, *à part.*

Oh! quelle inconvenance !...

L'ABBÉ.

Seulement, je suis forcé de choisir un remplaçant... (*Montrant Christian.*) Le voici !...

CHRISTIAN, *avec joie.*

Oh! brave homme noir !...

L'ABBÉ, *à Robert, montrant son portefeuille.*

J'ai là leur dot...

ROBERT, *pleurant.*

Pas moyen de le refuser..... Ah ça, c'est donc un ange que ce diable-là?...

L'ABBÉ, *gaîment.*

Maintenant je rentre en fonctions... (*Montrant Christian.*) Et je vais marier mon rival...

CHRISTIAN.

Vous êtes bien honnête, monsieur l'abbé.... vous êtes bien honnête, monsieur l'abbé !...

MARIE, *à part, regardant l'abbé en soupirant.*

C'est égal... c'est dommage.

CHŒUR

AIR: *Aumônier de régiment.*

Aumônier de régiment,
Ah! vraiment,
Mon enfant,
C'est un état charmant!

L'ABBÉ, *à Marie.*

Par un heureux privilége,
Votre ami vous bénira;
Pour que le ciel vous protége
Chaque jour il le priera.
Mon passage sur la terre
N'aura donc pas été vain,
Et j'aurai fait, je l'espère,
Quelques heureux en chemin.

Aumônier de régiment,
Ah! vraiment,
Mon enfant,
C'est un état charmant.

CHŒUR GÉNÉRAL.

Aumônier de régiment,
Ah! vraiment,
Oui, vraiment,
C'est un état charmant!

FIN.

www.ingramcontent.com/pod-product-compliance
Lightning Source LLC
LaVergne TN
LVHW022201080426
835511LV00008B/1506